Direction de la publication :
Isabelle Jeuge-Maynart et **Ghislaine Stora**
Direction éditoriale : **Catherine Delprat**
Responsable d'édition : **Bethsabée Blumel**
Mise en page : **Les PAOistes**
Couverture : **Véronique Laporte**
Fabrication : **Marie-Laure Vaillé**

illustrations gardes et intérieur
© Thinkstock / Coll.**iStockphoto**

ISBN 978-2-03-588736-8

Toute reproduction ou représentation intégrale ou partielle, par quelque procédé
que ce soit, du texte et/ou de la nomenclature contenus dans le présent ouvrage,
et qui sont la propriété de l'Éditeur, est strictement interdite.

Imprimé en Italie par L.E.G.O. S.p.A., Vicenza
Dépôt légal : septembre 2013 – 311714/01 - 11023407 – septembre 2013

LES MINI LAROUSSE

Les 50 règles d'or

Pour prendre la vie du bon côté

Jean-Paul Guedj

LAROUSSE

21 rue du Montparnasse 75283 Paris Cedex 06

Sommaire

Apprenez à jouir

DU MOMENT PRÉSENT

Il faut le savoir ! On le sait, bien sûr qu'on le sait, mais on ne veut pas toujours l'admettre ! À l'instar des dieux, on se voudrait éternel. Et bien non ! On est bien mortel ! Toi, moi, lui... On est de passage sur cette terre ! Il y a une fin programmée... Même si l'on ne connaît pas l'heure exacte du terminus existentiel !

Curieusement, on ne veut pas la voir, la dame à la faux, on la fuit, et on s'apprête (dans le sens où l'on revêt ses plus beaux atours comme pour la contourner) et on projette comme si l'éternité était devant nous... On s'en protège aussi en évitant tous les risques au risque de ne plus vivre ! **Car vivre, c'est bien sûr risquer sa vie et la perdre un peu aussi tous les jours...**

Alors la première des règles pour prendre la vie du bon côté est d'accepter cette idée que la **vie est par nature éphémère**, qu'elle file, et qu'un jour, allez, soit, le plus tard possible, on sera mort. Vous, moi, lui...

Carpe diem (jouis du moment présent) préconisaient déjà les Anciens. Car qui peut présager de l'instant qui suit ?

MON CONSEIL

À partir de ce constat de bon sens, et qui n'est pas si triste, on peut alors tirer trois conclusions utiles à vivre.

- 1. Si le temps (de la vie) n'est pas éternel, il faut bien l'utiliser.
- 2. Eu égard à cette issue (mortelle), il faut relativiser les petits tracas qui l'encombrent ou qui la gâchent et qui, au fond, ne sont pas grand-chose.
- 3. Enfin il faut vraiment profiter de l'instant présent.

Mais qu'est-ce que vivre ?

THAT IS THE QUESTION !

D'aucuns voudraient avoir une réponse unique, totale, voire « totalitaire » de ce qu'est ou devrait être l'existence. Il n'y aurait ainsi qu'une seule définition de vivre, et par là, du bonheur de vivre ! Tout le reste est... littérature ! **En réalité, chacun a sa réponse intime, singulière, modeste.**

Pour les uns, c'est le confort douillet d'une maison, pour d'autres c'est le bricolage le dimanche, pour d'autres encore, c'est la famille. Il y en a même pour qui c'est le travail. Et pour d'autres encore, c'est tout ce qui touche à l'esprit, avec un petit « e » ou avec un grand « E »...

Sans parler de ceux pour qui la vie, c'est tout ça à la fois ! Et encore tant d'autres choses...

Pour ceux qui se posent la question (parfois plusieurs fois par jour), c'est qu'ils n'ont pas encore trouvé la réponse qui viendra sans doute avec le temps.

Donnez un sens

À L'INSENSÉ DE VOTRE VIE !

L'enfer, c'est d'errer... Qui suis-je ? Où cours-je ? Où vais-je donc ? Dans quel état, j'erre ! Pas de panique ! Du calme ! Il faut se ressaisir et trouver du sens à l'existence ! Peu importe le sens, même s'il est interdit !

Le pire, c'est de se lever le matin, sans projet, en mettant mécaniquement un pied devant l'autre, pour avancer vers un destin que l'on ne comprend pas, un avenir flou, un marécage, une voie qui paraît sans issue...

Donner du sens à la vie : voilà l'enjeu ! Servir une cause, préparer un voyage, écrire un livre, devenir acteur ou médecin, collectionner des papillons, surfer sur l'océan, éduquer des enfants, aimer, travailler...

Allez, votre projet vous paraît ambitieux, voire un peu fou ! Qu'importe ! Au contraire même ! Votre vie a besoin de contenu ! Bref, d'être... bien et joliment *remplie !*

RÈGLE 4

Classez vos trois priorités

EXISTENTIELLES

Tout n'est pas égal... Vous voulez éduquer vos enfants et être promu chef de service, gagner beaucoup d'argent en travaillant très peu, faire du sport en restant immobile ! De temps en temps il faut bien trancher... **Le malheur consiste à ne pas penser sa vie, à la laisser filer comme elle veut**, à ne pas dégager de priorités, et surtout, à faire les choses sans jamais les choisir...

MON CONSEIL

Classez donc vos trois priorités existentielles : est-ce *le travail* qui prime ou *la famille, l'activité professionnelle* intense ou le *droit à la paresse, le sport* ou *la broderie* ?

Faites la liste de vos rêves

ET COCHEZ CEUX QUI RESTENT À ACCOMPLIR

Prendre la vie du bon côté, c'est faire la part du rêve... Il ne faut pas oublier de réaliser ses rêves... Même ceux qui paraissent les plus enfouis, les plus impossibles... Le bonheur passe par là... Sans doute, comme disait Oscar Wilde, faut-il (quand même) mieux avoir des remords que des regrets !

Parmi ces rêves, cochez (dans la liste, page suivante) ceux auxquels vous identifiez et que vous n'avez pas encore accomplis... N'hésitez pas à ajouter les vôtres...

RÈGLE 5

1. J'ai toujours rêvé de faire le tour du monde	
2. J'ai toujours rêvé d'écrire un roman	
3. J'ai toujours rêvé de me marier	✓
4. J'ai toujours rêvé d'être journaliste	
5. J'ai toujours rêvé de faire une croisière	
6. J'ai toujours rêvé de passer à la télévision	
7. J'ai toujours rêvé d'avoir un enfant	✓
8. J'ai toujours rêvé de tomber amoureux	
9. J'ai toujours rêvé d'être ingénieur	
10. J'ai toujours rêvé de ne rien faire	✓
11. J'ai toujours rêvé de faire du sport	✓

12. J'ai toujours rêvé de faire des randonnées	✓
13. J'ai toujours rêvé de revoir ma cousine	
14. J'ai toujours rêvé de passer un week-end avec ma grand-mère	
15. J'ai toujours rêvé d'aller dans ce restaurant gastronomique classé 3 étoiles	✓
16. J'ai toujours rêvé de conduire une Ferrari	
17. J'ai toujours rêvé de dormir 12 heures d'affilée	✓
18. J'ai toujours rêvé d'acheter une maison	✓
19. J'ai toujours rêvé de visiter les grands parcs de l'Ouest américain	
20. J'ai toujours rêvé de prendre des leçons de chant	
...	

Planifiez la réalisation de vos rêves !

COMME UN *BUSINESS PLAN*

Les rêves au programme ! On ne peut pas tout réaliser au même moment. La maison : ce sera cette année. Le bébé : dans un an. Le voyage autour du monde, ce sera dans cinq ans...

Le bonheur se programme, s'anticipe, s'organise, se chiffre même, comme un *business plan*.

Prendre la vie du bon côté, c'est inventer des projets – le bonheur s'invente – et les réaliser, bref, c'est accomplir des rêves et rendre le rêve possible.

La déprime advient lorsque le projet est absent de la vie ou quand le projet ne reste au fond qu'une utopie de plus, de l'instant, et sans lendemain.

À savoir : Les cimetières sont remplis d'« individus » sans projets !

Gérez votre culpabilité

NON ! VOUS N'ÊTES PAS (FORCÉMENT) COUPABLE !

Vous êtes né coupable ! De quoi ? De tout ! De rien ! De presque rien ! De presque tout ! Enfin, de toutes les façons, le seul juge en la matière, et sans doute le plus intransigeant, c'est… vous-même !

En réalité, le sentiment de culpabilité vous étrangle à la moindre « faute » : votre enfant redouble, votre affaire périclite, votre divorce s'annonce… Vous êtes forcément FAUTIF !

Dans les faits, pourtant, vous avez fait ce que vous avez pu… Vos intentions ont toujours été bonnes… D'ailleurs comme disait le psychanalyste Jacques Lacan : « La culpabilité provient toujours du Bien et non du Mal ».

Alors pourquoi ne pas quitter cette notion de culpabilité, au-delà du bien et du mal, pour aller vers celle, plus adulte, de… « responsabilité » ?

[13]

Faites cohabiter principe de plaisir et principe de réalité

SANS VOUS EMMÊLER LES PINCEAUX

Pour Freud, il y a deux principes qui participent du psychisme humain : **le principe de plaisir qui nous amène à rechercher dès que possible la satisfaction immédiate et le principe de réalité qui nous conduit à accepter le monde tel qu'il est,** même si celui-ci nous paraît insatisfaisant.

NOUS SOMMES SOUVENT ÉCARTELÉS ENTRE CES DEUX PRINCIPES

Les êtres qui cultivent le principe de plaisir voient la vie du bon côté jusqu'au moment la réalité les rattrape, et parfois brutalement. À force de privilégier le fantasme au réel, le plaisir aux obstacles, la vie légère à la vie responsable, d'aucuns peuvent échouer de manière précipitée sur le quai du malheur. Ils n'avaient pas vu venir leur feuille d'impôts, la rupture amoureuse pourtant annoncée, les conséquences d'une addiction.

À l'inverse, ceux qui ne font que prévoir le réel, l'anticiper, le compter, le contrôler, le maîtriser, sans aucune fantaisie ni invention, en évitant tout risque, précautionneux comme des fourmis et sérieux comme des notaires, finissent eux aussi par tomber dans les filets funestes.

Voilà qu'à cet anniversaire austère qui fait office de bilan de vie, vers 70 ans, ils se rendent alors compte qu'ils ont vécu certes, mais sans joie. Et ils se demandent alors un peu tard s'il est encore temps de rattraper le temps perdu.

MON CONSEIL

Il faut considérer ces deux principes à égalité et autoriser leur existence commune car **vivre sans plaisir est bien triste et vivre en dehors du réel est si vain** !

Soyez optimiste dans l'action

ET RÉALISTE DANS LA RÉFLEXION

Réfléchissez certes, mais ne tergiversez pas ! Quand faut y aller, faut y aller ! L'action ne souffre d'aucune hésitation. On y croit ! On ne peut qu'y croire ! Sinon, on n'avance pas !

L'optimisme est obligatoire pour avancer, sinon c'est la reculade ! Il est très difficile de marcher en se regardant marcher, et, qui plus est, avec pessimisme... Tandis que pour analyser une situation, diagnostiquer un problème, un réalisme éloigné de tout idéalisme s'avère souvent utile. Décrypter, c'est d'abord douter.

Prendre la vie du bon côté, c'est donc être résolument optimiste dans l'action et réaliste dans la réflexion qui la précède, sinon pessimiste (à entrevoir d'abord le plus sombre d'une situation, on ne peut être qu'agréablement surpris ensuite par l'émergence de sa face claire).

[16]

Faites tout sérieusement

EN NE VOUS PRENANT JAMAIS AU SÉRIEUX

Restez humble ! Ne vous dites pas, lorsque vous découvrirez que votre chaudière en plein hiver est tombée en panne : « ça tombe encore une fois sur moi ! », car c'est bien vous surestimer. Le hasard n'a pas en permanence l'œil fixé sur vous.

• **Ne vous dites pas** alors que vous venez de remporter votre premier match de tennis que décidément votre jeu de jambes comme votre service équivalent en mieux à ceux de Raphaël Nadal...

• **Ne vous dites pas**, alors que votre chef de service vient de vous féliciter, que non seulement vous méritez sa place, mais que votre intelligence désormais reconnue n'est finalement pas si éloignée de celle d'Albert Einstein.

• **Du recul**, du recul SVP... envers vous-même !

• **De l'humilité** que diable !

Travaillez beaucoup

EN VOUS AMUSANT BEAUCOUP

Oyez Oyez ! Le travail, c'est la santé (mentale) !

IL Y A LE TRAVAIL

Le travail a longtemps eu mauvaise réputation. Il a longtemps signifié dans les esprits, torture, souffrance, esclavage, servage. Le mot d'ailleurs vient du latin *tripalium,* instrument de torture (à trois pieux). Les Lumières du XVIIIe siècle ont renversé la tendance et bousculé la notion en présentant le travail comme un moyen pour l'homme de se réaliser et de se définir.

Aujourd'hui, une grande majorité de salariés, de « travailleurs », considèrent que le travail est à préserver face à la menace du non-travail (autrement dit, le chômage) et tous sont plutôt heureux dans leur travail – par lequel ils se sentent utiles à autrui – même s'il n'est pas toujours facile à réaliser, notamment dans un contexte de crise et de pression.

IL Y A LES LOISIRS

Ceux qui travaillent beaucoup se plaignent, parfois, de manquer de temps consacré aux loisirs. En revanche, ceux qui travaillent peu ou pas ont l'impression d'un temps infini, trop large finalement pour le consacrer aux seuls loisirs, ceux-ci ne remplaçant jamais par eux-mêmes le travail, vraie source d'accomplissement de soi. L'oisiveté est le pire des maux même s'il est colmaté par quelques activités bouche-trous.

IL Y A AUSSI… LA FABLE DES TAILLEURS DE PIERRES.

Le premier dit « je taille des pierres ». Le second dit : « je gagne ma vie ». Le troisième dit : « je construis une cathédrale ».

Auquel de ces trois tailleurs de pierres vous identifiez-vous ? Allez sans doute au troisième… En tout cas, c'est le temps de travail le plus plaisant… C'est le travail vu du bon côté ! Et si d'ailleurs le travail devenait *opus* (œuvre), si créatif, si amusant, si passionnant, si peu ennuyeux, qu'il en serait « loisir », au sens d'une activité désirée, sans contrainte ?

Faisons un rêve, et si nous devenions tous de joyeux et libres maçons et « bâtisseurs de cathédrales » ?

Faites un régime éthique et hypocalorique

UN ESPRIT SAIN
DANS UN CORPS SAIN

Préférez toujours l'éthique à la morale. La première est à la seconde ce que le régime pour soi est au régime pour tous. En effet, l'éthique est intime – ce sont les valeurs librement choisies qui guident notre conduite, le bien et le mal étant des notions bien subjectives – tandis que la morale, elle, implique les devoirs que la société nous impose.

Comme l'exprimait avec esprit Léo Ferré dans l'une de ses chansons, « N'oubliez jamais que ce qu'il y a d'encombrant dans la morale, c'est que c'est toujours la morale des autres ». Définissez donc vous-même votre chemin, suivez votre propre route !

ET PUIS NE VOUS LAISSEZ PAS ALLER !

Prenez soin de votre ligne... éthique et corporelle, tout cela à la fois... *Mens sana in corpore sano* (un esprit sain dans un corps sain) et... l'inverse !

Refusez les compromissions indignes, les valeurs qui vous révulsent, les sentiers tortilleux qui vous éloignent de votre être profond ! Mettez en musique votre éthique profonde ! Cherchez l'harmonie avec vous-même !

Et puis au fait ! Idem pour le régime ! Refusez les frites deux fois par jour, les haricots à tire-larigot, la triple ration de couscous-merguez, le quadruple whisky du soir... et puis faites donc un peu de gym !

Bref, échappez aux kilos superflus et au sui-cide moral !

Mais nonobstant, et de grâce, assumez avec bonheur quelques excès qui rendent la vie un peu plus pétillante ! Assumez (avec joie et panache) vos écarts de régime. Rigueur ne veut pas dire rigidité ! Et toute discipline appelle des écarts !

Allez, champagne !

Allez au conflit

SAUF EN CAS DE RAPPORT DE FORCES DÉFAVORABLE !

Vous êtes un combattant ! Bon ! Enfin ! N'exagérons rien ! Se battre ne présente aucun intérêt en soi ! Si ! À vérifier que l'on a l'âme et les muscles durs ! Mais cette vérification relève déjà de l'aveu de faiblesse...

Bon, il ne faut pas se laisser faire non plus ! **Quand faut y aller, faut y aller !** Celui-ci vous manipule, démasquez-le ! Celle-là vous cherche des noises et vous met en difficulté dans votre travail, elle saura désormais à qui elle à faire ! On vous menace d'un procès ? Chiche !

Mais tout est affaire d'enjeu et de rapport de forces. Si le combat en vaut la peine – méfions-nous de nos impulsions primaires – et si l'ennemi avec soi est au moins à égalité physique, mentale et financière, alors oui, pas de quartier !

En quoi se défendre et contrattaquer serait-il anormal ?

Sachez que ce qui ne vous tue pas

VOUS REND PLUS FORT

... Certes, mais ce n'est pas une raison pour chercher les « emm... » ! Tel un roseau, vous pliez, mais ne rompez pas. Et même la souffrance, la difficulté, les obstacles, le vent, voire le tsunami, vous ont renforcé. Vous vous sentez désormais plus fort... À la différence du chêne qui s'est affaissé, vous, vous avez tenu bon ! Bravo !

Qu'avez-vous appris ? Que la seule vraie alternative, c'est la vie ou la mort... Que les obstacles sont franchissables ! Que rien n'est si grave, et que tout est relatif... et que toute crise est un apprentissage qui constitue l'étape ultime précédant le rebond opportun et salutaire !

Alors, vous êtes vivant ! C'est l'essentiel ! Et plus que jamais ! Mais ce n'est pas une raison pour cultiver le masochisme qui consiste à chercher à tout prix la souffrance.

[23]

Considérez toute crise

COMME UNE OCCASION DE REBOND

La tour penchée de Pise est en crise ! Cela fait plus de mille ans qu'on suppute sa chute. Et pourtant elle tient. Que nenni ! Elle en a même fait sa réputation : c'est la tour penchée qui attire des milliers de touristes chaque année gravissant au péril du vertige ses presque 300 marches d'escalier intérieur en colimaçon.

ÇA PENCHE… ÇA PENCHE, MAIS ÇA NE FLANCHE PAS !

On a souvent dans l'existence l'impression d'être soi-même un peu la tour de Pise. Ça penche… ça penche, mais ça ne flanche pas ! Mieux : du problème que l'on rencontre, on va en faire une opportunité, une occasion de rebond. De la déclivité, on va en faire un penchant, voire une nouvelle disposition !

• **La perte d'un emploi** peut nous conduire à reconsidérer notre parcours professionnel et amorcer un virage salutaire plus en lien avec nos compétences et nos désirs.

• **Celle d'un client** nous dirige vers un autre, bien plus rentable.

• **Ce divorce** – certes si douloureux – nous pousse à nous interroger sur notre façon d'aimer… et nous entraîne aussi vers une nouvelle rencontre… bien plus heureuse !

Ainsi toute perte contient un gain potentiel et inédit, tout chagrin une joie latente. Tout problème, toute rupture, toute crise, devient alors une alarme qui précède un changement pouvant nous être bénéfique. Tout malheur annonce un bonheur.

POUR INFO

Les Chinois juxtaposent deux idéogrammes pour signifier la crise : le premier exprime le danger (*Wei*), le second… l'opportunité (*Ji*) !

PETIT POÈME SUR LA CRISE *

Même si tu la voudrais exquise
La vie est un état de crise
Y a un noyau dans la cerise
Elle est penchée la tour de Pise
Y a celle qui vient par surprise
Tandis que la vie paraît oisive
Elle nous surprend, elle nous enlise
Mettant en branle toutes nos assises

C'est en cela qu'elle est active
Et aussi qu'elle est positive
Elle crée des alternatives
Ce n'est pas le pire quand elle arrive

* écrit par votre serviteur...

Distinguez ce qui dépend de vous

ET CE QUI N'EN DÉPEND PAS

Le danger est réel, mais la représentation que vous vous en faites vous est personnelle ! Alors…

Vous rencontrez un obstacle. Sa taille est variable en fonction du regard que vous lui portez (lire la règle 17 p.28 à ce sujet). La grippe peut être une catastrophe sinistre ou un épiphénomène mineur.

Le redoublement de votre enfant peut vous conduire à un sentiment de culpabilité ou au contraire vous vous dites que c'est l'occasion pour lui de renforcer ses bases en mathématiques.

La panne définitive de votre automobile vous entraîne vers un comportement de deuil ou vous décidez que c'est enfin le moment de changer d'engin !

Il y a ce qui ne dépend pas de vous – les incidents de la vie – et ce qui dépend de vous – la façon plus ou moins positive de les interpréter.

【 27 】

Bravez les obstacles

À LA FAÇON D'ÉPICTÈTE !

Il n'est pas facile de se confronter tous les jours aux obstacles. Et pourtant ceux-ci font partie de l'existence et la définissent même. La peur – ou la crânerie – ne les annule pas, et parfois les renforce. Quel est donc le comportement à adopter pour se colleter aux difficultés de tous ordres et parfois à la souffrance qu'elles génèrent ?

VOYONS L'HISTOIRE D'ÉPICTÈTE

Épictète était l'esclave d'Épaphrodite qui lui cassa une jambe. Le premier avait prévenu le second : « la jambe va casser ». Et une fois cassée, le philosophe-esclave de constater froidement – peut-être avec un soupçon d'ironie – en s'adressant à son maître : « je t'avais prévenu... ».

Morale de l'histoire. Il faut donc braver les obstacles à la façon d'Epictète avec un mélange de sang-froid, d'acceptation et d'ironie salvatrice !

• **Vous êtes ruiné ?** Vous pouvez vous refaire en quelques jours... Non ? Ni en deux ans ? Bon alors, il faut accepter la situation, certes pénible, mais dont vous sortirez vivant ! D'ailleurs, c'est bien vivant – et non pas affaibli – que vous courrez de nouveau vers la fortune !

• **Votre amoureux (se) vous a quitté (e) ?** Vous l'avez supplié de rester ? Vous avez entrepris toutes les démarches possibles de séduction intensive ? Vous lui avez chanté en larmes : « Ne me quitte pas ! » de Jacques Brel. Que nenni ! Il (ou elle) reste sur sa position !

• **Et si désormais vous acceptiez la situation ?** En l'acceptant, soudain, vous verrez le ciel s'éclaircir, la situation se relativiser et s'ouvrir alors des perspectives inédites...

Ne regardez jamais dans le rétroviseur...

SAUF SUR UN DIVAN !

L'action de marcher nécessite de ne pas trop se regarder marcher, car en se regardant marcher, on finit par trébucher. Idem, avec le rétroviseur, si vous observez en permanence la route arrière, vous risquez de rentrer dans le mur ou dans le coffre de la voiture qui est devant vous !

L'action ne souffre pas les enquêtes analytiques, les tergiversations animées par le doute, le remue-méninges introspectif... **Il faut donc aller de l'avant, avancer sans vous retourner, ni interroger le passé pour chercher le chemin de l'avenir immédiat.**

Sauf, bien sûr, si vous êtes sur le divan et que vos propos tourmentés et votre action ralentie d'aujourd'hui trouvent leur sens et leur cause dans votre attitude d'hier, voire dans celle... d'avant-hier !

Aimez sans compter !

LA COMPTABILITÉ N'EST PAS COMPATIBLE AVEC L'AMOUR

Attendre de l'autre qu'il vous rende ce que vous lui donnez – de la générosité, de l'énergie, de la tendresse – gâche en quelque sorte la relation amoureuse et la transforme inopinément en une forme de négociation d'affaires. Lui signaler que vous lui avez donné diminue aussi l'effet du don et invite à l'équilibre des gains. Mais **l'amour n'est pas un *business plan*** dont on devrait attendre un retour sur investissement.

COMME LE DIT LA CHANSON DE FLORENT PAGNY :

« Savoir aimer
Sans rien attendre en retour,
Ni égard, ni grand amour,
Pas même l'espoir d'être aimé ».

Aimez sans considérer l'autre

COMME UN PRISONNIER !

Préparez donc un joyeux cocktail (aphrodisiaque) de désir et... d'estime de l'autre ! Freud disait qu'un homme « normal » était quelqu'un qui travaillait et qui... aimait ! **Sans amour, en effet, la vie peut paraître bien fade, bien vide.**

Comme l'observait à son tour le poète André Breton, « L'amour, c'est quand on rencontre quelqu'un qui vous donne de vos nouvelles ». En effet, l'amour permet autant la découverte de l'autre que de soi. Et les solitaires sans amour finissent un jour par se perdre de vue...

Le philosophe Spinoza, quant à lui, définissait l'amour comme une joie bien spéciale, bien unique, à nulle autre pareille, tant elle transforme singulièrement notre vision du monde.

Aimez, et cette rue si familière, hier si grise, comme le ciel taciturne et atone, change soudain de couleur...

AIMONS… AIMONS… MAIS PAS N'IMPORTE COMMENT

C'est sans doute cela qui va nous permettre de voir la vie du bon côté ! Et même la vie en rose !

Pour les Grecs anciens il y avait trois façons d'aimer : l'amour-désir *(Éros)*, l'amour-estime *(Philia)* et l'amour universel *(Agapè)*. Cela continue aujourd'hui à faire sens.

Le pire, dit-on, c'est d'être prisonnier de l'autre ou, à l'inverse, de le considérer comme sa chose ou sa proie, le désir parfois (Éros) ayant des raisons que la raison ignore.

Mais aimer en respectant la liberté d'autrui de façon à ce qu'il respecte aussi la vôtre – au fond mettre un peu de « philia » dans « Éros » et aussi de l'eau dans son vin – c'est souvent la clef des histoires qui marchent et… qui durent !

Aimez
sans étouffer

L' AUTRE !

S'engager ne signifie pas forcément s'enfoncer...
Aimer, c'est être libre à deux ! Mais oui ! D'aucuns ont la sombre impression que le couple étouffe ou anesthésie les personnalités et qu'en cela il constitue un danger pour la réalisation personnelle de chacun et la respiration des deux.

Être aimé, ce serait donc être condamné à se tapir dans le giron de l'autre, à l'instar de l'amour maternel qui étouffe autant qu'il protège. Et donc, il faudrait se protéger de ce piège en regardant l'autre – l'amant, le mari, la maîtresse, l'épouse – comme un prédateur affectif potentiel dont il faut se méfier.

Et, si à l'inverse, vous vous laissiez aller à accepter l'amour que l'on vous porte non pas comme un volet fermé mais comme une fenêtre qui s'ouvre !

Faites l'amour

LE PLUS SOUVENT POSSIBLE !

C'est excellent pour la santé ! Si... Si ! C'est scientifiquement prouvé ! Il y a beaucoup d'avantages à faire l'amour.

• **C'est d'abord très bon pour la ligne,** puisque comme tout « effort » physique, cette « activité » permet de brûler les calories (en trop), voire de se muscler (abdominaux, cuisses).

• **Ensuite, c'est un antidépresseur naturel,** si l'on peut dire, notamment par la libération d'hormones que cette action apaisante déclenche.

• **Enfin, on dit encore que faire l'amour active la circulation sanguine** et donc fait travailler le muscle cardiaque en augmentant les pulsations du cœur.

• Et puis, quand même, vous avouerez que **rien ne vaut cette rencontre charnelle et tendre avec l'être aimé...**

Considérez que l'amour

N'EST PAS TOUJOURS UNE LONGUE PROMENADE ROMANTIQUE !

- **Où êtes-vous allé chercher que l'amour est une promenade romantique** où il est gentiment question de délivrer à l'être aimé fleurettes et mots doux ?
- **Comment avez-vous pu croire une minute à la romance gracieuse** et champêtre où les deux amants se regardent les yeux dans les yeux, se susurrant des promesses improbables qui évoquent l'amour éternel ?
- **Non ! L'amour, c'est bien plus vache !** Bien plus nerveux ! bien plus vivant ! Bien plus coriace ! Bien plus fragile ! Et... bien moins ennuyeux !

À SAVOIR

Tant que ça se dispute, c'est que ça discute encore !

ON SE DISPUTE COMME ON S'AIME ET PARFOIS COMME ON SÈME !

On s'invective parce qu'on est rival, jaloux ou tout simplement parce qu'on lutte pour la parité ! Si ! Si ! Il n'y a pas de raison…

– « Comment c'est encore moi qui dois débarrasser ! Et tout cela parce que je suis une femme ! »

La dispute est donc conjugale. Elle participe de l'histoire d'amour. Elle est le verso de la libido. Elle est le signe agité du lien. Elle traduit les contradictions, les divergences. On l'oublie pourtant aussi vite qu'on l'a déclenchée.

Acceptez-en donc le principe ! Que ferait-on donc sans disputes ?

Mais attention, pas plus d'une par mois… de temps en temps… Pas tous les jours… Ou sinon la dispute n'est alors qu'une manière de ne pas arriver à se dire adieu, de différer la rupture…

C'est terrible ces couples au restaurant, un peu usés, un peu blasés, qui ne se parlent plus. En effet, ils ne disputent plus. Comme s'ils avaient, en supprimant la dispute, fait le deuil de toute communication, de tout rapprochement, de toute solution. Laissons le mot de la fin à Jean Anouilh : « C'est plein de disputes, un bonheur ! ».

Considérez que la vie

N'EST PAS TOUJOURS UN LONG FLEUVE TRANQUILLE

(*Variante subtile et plus existentielle de la règle 14*)... Et quoi ? Éreinté, proche du « burn out », vous cherchez désespérément la sérénité comme on cherche le Graal... Vous rêvez de calme, de luxe et de volupté ! Mais de calme surtout ! Vous aimeriez tant qu'on vous fiche la paix ! Harassé, vous cherchez un abri !

Vous n'êtes pas loin d'acheter un séjour de trois mois de thalassothérapie, option repos total, ou de deux ans dans un monastère du Tibet...

Vous voulez désormais une vie sans aspérités ni tensions, voire sans problème, vous voulez pique-niquer dans un jardin tranquille ! Vous rêvez de pauses, de très longues pauses ininterrompues ! Votre conception de l'existence est celle d'une (morne) plaine !

ALORS, ATTENTION DANGER !

Vous vous trompez de monde ! Celui que vous désirez n'est pas le nôtre ! C'est un autre ! C'est celui de l'au-delà ! Les cimetières, ces jardins tranquilles, ces havres de paix, sont remplis « d'individus » au repos et parfaitement sereins ! Sereins pour l'éternité !

La vie n'est ni un long fleuve tranquille (ça se saurait) ni une longue promenade romantique (ça se saurait aussi). Il y est question d'amour, de haine, de sang, de larmes, d'incidents, d'imprévus, de tempêtes, parfois de tsunamis ! Mais c'est précisément sans doute ce qui en fait aussi le piquant, l'intérêt et, finalement, le charme...

S'aimer d'accord !

MAIS AVEC MODÉRATION...

Choisissez bien entre les dérives de l'amour-propre, les illusions du narcissisme et l'indispensable amour de soi. **L'amour que l'on porte à soi-même n'est pas anodin.** *L'amour-propre* fait souffrir, le *narcissisme* aveugle tandis que *l'amour de soi* est nécessaire pour affronter les situations de la vie.

TROIS « MOI » EN TENSION

Choisissez la situation dans laquelle vous vous retrouvez le plus.

• 1. **Vous êtes à une réunion de travail,** et voici que le chef, alors qu'il a présenté avec ferveur et bien-veillance tous vos collègues, solde votre présenta-tion en quelques mots anodins. Vous vous sentez alors humilié. **Votre amour-propre,** ce cousin de l'orgueil, en a pris un sacré coup !

• 2. **Vous vous regardez dans la glace toutes les cinq minutes** ou dès que possible, vous pensez que vous êtes irrésistible, et en même temps, vous effondrez lorsque votre petit(e) ami(e) vous apprend qu'elle va vous quitter (vous n'aviez d'ailleurs rien remarqué de suspect jusque-là !).

Amoureux de vous-même, Narcisse en diable, vous finissez par vous couper du monde !

• 3. **Vous allez au conflit avec autrui quand cet autrui vous manipule** ou vous exploite, vous tenez vos positions parce que vous les trouvez justes, vous acceptez aussi d'avoir tort. Cet amour-ci est le parent proche de l'**estime de soi**.

DE QUEL « MOI » VOUS RAPPROCHEZ-VOUS LE PLUS ? QUELQUES CONSEILS

• **Si vous vous reconnaissez dans la situation 1** : placez bien votre ego au bon endroit, et pas n'importe où et n'importe comment. Les paroles (d'autrui) d'un jour peuvent être différentes de celles du lendemain. Et puis ce qui compte d'abord, c'est l'estime que vous vous portez.

• **Si vous vous reconnaissez dans la situation 2** : apprenez à regarder les autres et moins vous-même. Décentrez-vous pour entrevoir autrui. Vous verrez, le détour en vaut la peine !

• **Si vous vous reconnaissez dans la situation 3** : vous êtes sur la bonne voie et donc... votre voix compte et porte !

[41]

Écrivez un haïku saisonnier par jour

OSEZ LA « THÉRAP… OÉTIQUE » !

Et si vous faisiez comme les Japonais ! Des petits haïkus à la fois légers et profonds !

Si vous composiez (librement) des petits poèmes de saison – nommés haïkus – composés traditionnellement d'un seul tercet (5 syllabes/7 syllabes/5 syllabes en japonais) pour exprimer votre pensée du jour sur un petit carnet !

Sur le fond, classiquement (mais on peut prendre des libertés avec la forme et le fond), ce qui caractérise le haïku, c'est sa brièveté, ses images, sa césure (comme une ponctuation à la fin du premier vers ou du second), et la référence à l'une des quatre saisons.

Écrire, créer, sentir, mettre en forme ses perceptions… en quelques mots… voilà qui permet aussi d'envisager la vie autrement !

ÉCRIVEZ EN TOUTE LIBERTÉ DES HAÏKUS SUR TOUT ET SUR RIEN, SUR CE QUE VOUS RESSENTEZ…

Exemples de haïkus du poète Sôseki (XXᵉ siècle)*

• *(Sur l'automne)*
Le visiteur s'en est allé
M'ordonnant de veiller avec soi
Sur l'automne

• *(Sur l'hiver)*
Dans la froideur du matin
Mes os sont vivants
Je reste immobile

• *(Sur le printemps)*
Loin du monde
Mon cœur est libre
Journée de printemps

• *(Sur l'été)*
L'astre rouge
Plonge dans la mer
Chaleur torride

Traduction de Elisabeth Suetsugu, Éditions Philippe Picquier, 2009

Intéressez-vous (enfin) au Beau et à l'inutile !

LÂCHEZ CINQ MINUTES LE « PRATICO-PRATIQUE » !

Vous venez de conduire les enfants à l'école, vous allez travailler toute la journée – votre job consiste à résoudre « utilement » des milliers de problèmes par seconde – et puis, après les courses au supermarché du coin en fin d'après-midi, vous rentrerez chez vous harassé(e), et vous regarderez quand même une émission de TV sur la 6 qui vous aidera à bien cuisiner ou mieux bricoler dans votre maison !

Vous allez obtenir potentiellement la médaille d'or du « pratico-pratique » !

Bon ! ... Et si vous vous plongiez dans Bach ou si vous revisitiez Klein, un peintre des années 1960, par exemple, qui inventa un bleu étourdissant qui porte son nom... **C'est si apaisant l'inutile !**

Mobilisez-vous

POUR UNE TRÈS BELLE CAUSE...

Le Bien, ça fait du bien ! Vous battre pour la Croix-Rouge, les Restaus du Cœur, ou pour la paix dans le monde, voilà qui constitue une source de satisfaction personnelle, un repos de l'âme et une manière de regarder le monde autrement.

D'abord, vous sentirez utile. Chaque effort, chaque geste, chaque main tendue, vous permettront d'aider autrui à sortir de la misère, de la solitude ou du désespoir.

Ensuite, ce sera pour vous une pause dans un monde marchand où l'on est tellement pressé de vendre et d'acheter que l'on passe parfois à côté de l'essentiel.

Enfin, vous irez à la rencontre de gens dont la pauvreté apparente est inversement proportionnelle à la générosité du cœur.

Et cela, ça n'a pas de prix...

Préparez votre retraite !

MAIS OUI ! MAIS OUI !

À vingt ans (ou à trente), entre deux boîtes de nuit, l'écriture d'un roman et la préparation d'un concours... pensez à votre retraite. Non, il n'est pas trop tôt ! Ne faites pas comme ces « vieux jeunes » qui découvrent un peu tard qu'ils ne sont plus si jeunes et qu'ils sont déjà (bien) vieux.

LA MORALE DE LA FABLE

« La (*vieille*) cigale, ayant chanté tout l'été,
Se trouva fort dépourvue quand la bise
(*la retraite*) fut venue... »
Et oui ! Ce n'est pas la bise de La Fontaine ! C'est l'âge de la retraite !

MES CONSEILS

Plutôt que de vous réveiller à 70 ans et découvrir que vous n'avez pas vos cinquante-cinq annuités (nous sommes en 2020) et que vous ne pourrez « toucher » au mieux votre retraite qu'à 105 ans et demi, il vaut mieux dès maintenant vous organiser. **Ne remettez pas à demain, agissez dès maintenant.**

Il y a l'assurance-vie (c'est ce qu'il y a de plus rentable) et un petit PEL (plan d'épargne logement) qui vous permet d'investir dans la pierre avec des taux d'intérêt qui sont, on ne peut plus, compétitifs !

Bref et en résumé : amassez un petit pécule que vous allez combiner avec l'achat progressif de deux ou trois studios bien placés à haute valeur locative ; l'ensemble vous permettra de préparer votre retraite avec juste 45 ans d'avance. Ça, c'est bien vu ! Et le temps venu...

Vous verrez alors que lorsque le jour R (comme RETRAITE et comme RAVI) arrivera, vous vous souviendrez de la règle d'or n° 29 de cet ouvrage et vous bénirez, alors, trois fois le (feu) auteur de ces lignes ! Peu probable qu'il soit, hélas, encore de ce monde !

Ne luttez pas

CONTRE VOS DÉMONS !

Acceptez la paresse ! Ne rejetez pas la méchanceté qui est en vous ! Ne déniez pas même un brin de perversion.

QUOI ! IL FAUDRAIT DONC ÊTRE PARFAIT !

Il faudrait n'afficher que des qualités ! Ne montrer aucune faille ! N'accepter que ce qui plaît et rassure ! Il faudrait alors se battre contre ses défauts, les avaler, les réduire, les « jivariser » Même si, comme

des mauvais lutins, ils reviennent sans cesse !

Et pourquoi ne pas donc suivre une bonne et perfide thérapie comportementale qui vous entraînerait à détester la partie de vous-même qui pourtant vous constitue !

À celle ou celui qui vous reproche tel ou tel défaut, rappelez-lui (gentiment) que celui-ci n'est que le versant de la qualité qui l'a tant attiré(e) chez vous !

Non ! On ne peut pas être coupé en morceaux ! Les parties nobles et le rebut ! La personnalité n'est pas clonable, ni « refabricable » ! Il faut qu'on vous accepte tel que vous êtes ! En entier si possible !

LES DÉFAUTS, CE NE SONT QUE DES QUALITÉS INVERSÉES !

Paresseux ? Peut-être, mais aussi « cool » et convivial ! Méchant ? Parfois, mais aussi ironique, mordant, et ô – si, si – combien spirituel et efficace ! Pervers ? Le mot est fort ! Mais, dites, entre nous, qui ne possèdent pas en lui, un brin de perversion, qui n'a jamais cédé à la tentation de manipuler l'autre ? Et au fait, vous-même, de vous à vous, vous acceptez-vous comme vous êtes ? Avec vos faiblesses et vos parts d'ombre ? Allez, il est temps d'y réfléchir !

Faites des enfants

AIMEZ-LES SANS LES « POSSÉDER » !

Comme disait un chauffeur de taxi, père de trois enfants : « avec les enfants, il y a des orages, mais quand il fait beau, il fait vraiment beau… ». Les enfants illuminent la vie et lui donnent du sens.

Encore faut-il s'en occuper tout en sachant qu'ils vont vous quitter bientôt !

Ils demandent de l'attention, et une certaine disponibilité des parents constitue sans doute la meilleure des attitudes affectives et éducatives. Il faut les écouter, dialoguer, leur donner un cadre, les recadrer parfois.

Et puis un jour, ils s'en vont, vous rappelant par là que vous n'en êtes pas propriétaire.

Ainsi va la vie (du bon côté) ! On le sait : on ne fait pas des enfants juste pour soi !

Étonnez-vous d'abord

PLUTÔT QUE DE CHERCHER À ÉTONNER !

Ce qui compte, c'est moins l'amour des autres que l'estime de soi... On cherche souvent à paraître, à parader, à étonner l'auditoire. On voudrait être aimé, alors on provoque, on surprend, on veut étonner...

Mais est-ce vraiment important ce regard de l'autre ? Votre propre regard sur vous-même ne vaut-il pas mieux que ces superflus et fragiles applaudissements ?

Ce qui compte c'est de s'étonner soi-même, se surprendre en train de réussir des actes que l'on croyait impossibles : un retournement professionnel, un exploit sportif, une histoire d'amour qui dure, le tour du monde en 80 jours...

Mais aussi, plus simplement, un nouveau regard sur la vie... Une autre façon de la prendre... Cette fois-ci, du bon côté...

Efforcez-vous de bien dormir

C'EST LA MOITIÉ DE VOTRE VIE...

Il est tard. Bien tard. Votre journée de travail fut rude. Les dossiers, comme les collègues, difficiles à manier. Vous avez fait le dîner en rentrant pour

ÉLOGE DE LA SIESTE

On dit que :

• en fermant les yeux pendant vingt minutes et en relâchant le corps, le sommeil vient rapidement...

• la sieste permet de maintenir la vigilance tout le reste de la journée.

(Et puis, entre nous, rideaux tirés, vers 14 h 15, quand c'est possible, c'est si agréable !)

nourrir vos sept enfants (bravo !). Vous vous reposez ensuite devant une série débile et soporifique à la télévision. Vous fermez les yeux. Votre corps s'éteint en même temps que la télé. Comme un somnambule, vous vous dirigez à tâtons vers votre lit.

CHOISISSEZ UN BON MATELAS !

Votre lit est long et large et votre couette d'hiver en plumes d'oie vous réchauffe le cœur et les pieds. Vous vous apprêtez à vivre les différents cycles du sommeil : la somnolence, stade de l'endormissement, le sommeil léger puis le sommeil profond, et le sommeil paradoxal où l'activité psychique bat son plein.

Comme l'écrivait Marcel Proust : « le sommeil est comme un deuxième appartement que nous aurions, et où, délaissant le nôtre, nous serions allés dormir ». **C'est en effet le moment où l'on récupère – psychologiquement, intellectuellement et physiquement – et c'est le moment où l'on rêve.**

Toutes les décisions fondamentales s'élaborent, se confirment ou s'infirment alors que l'on dort. C'est après avoir dormi, que l'on a décidé. D'où le choix d'une excellente literie propice à la réflexion : ni trop dure, ni trop molle !

Enivrez-vous !

ENFIN... BON... QUAND MÊME PAS TOUS LES SOIRS !

Les poètes nous le prescrivent comme une médication : il faut tanguer un peu, danser avec les étoiles, arrêter soudain de marcher droit ! Bref, naviguer, mais sur un bateau... ivre* ! (allusions au poème d'Arthur Rimbaud, il va sans dire).

« Il faut être toujours ivre, tout est là ; c'est l'unique question. Pour ne pas sentir l'horrible fardeau du temps qui brise vos épaules et vous penche vers la terre, il faut vous enivrer sans trêve. Mais de quoi ? De vin, de poésie, ou de vertu à votre guise, mais enivrez-vous ! ».

Ainsi, Baudelaire par ces mots ordonnait ouvertement l'ivresse. Au-delà de l'absinthe, **il entendait l'enthousiasme que nous inspirent les activités de la vie quotidienne, sans lequel tout paraît terne et fade.** On peut donc s'enivrer de tout : un livre, un sport, un travail, un parti politique, une conversation...

Pour l'alcool, certes, à consommer avec modération.

Faites du sport !

BIENTÔT REMBOURSÉ PAR LA SÉCU !

Le sport, c'est bon pour la santé… et donc indirectement pour la Sécu. Un rapport de l'Académie de médecine propose d'inclure l'activité physique de façon adaptée dans le cadre des prescriptions médicales prises en charge par la Sécurité sociale. Cette dépense serait rapidement compensée par l'amélioration de l'état des patients, et une réduction automatique de la consommation de médicaments.

Allez-y donc ! Du tennis, de la gym, du ping-pong, du basket, du foot, du hand, du judo, du karaté, de la boxe anglaise !

Et n'écoutez surtout pas Winston Churchill, célèbre homme politique anglais qui expliquait sa forme et sa longévité par son fameux : « cigars, whisky, no sport ».

Fêtez tous les dix ans votre anniversaire

EN COMPTANT VOS AMIS (ET VOS ALLIÉS)

Organisez une grande fête pour votre anniversaire tous les dix ans ! 20, 30, 40, 50, 60 ans... Faites une liste de vos amis (et... en décomptant vos ennemis !) – tiens, vous pensiez en avoir 1000 et voilà qu'il n'en demeure que dix ou quinze, plus d'autres, mais qui ne sont pas vraiment des amis.

Et ainsi tous les dix ans, vous ferez l'état des lieux relationnel : ça bouge tant ! À part le noyau dur réconfortant, ce ne sont plus tout à fait les mêmes amis qu'il y a dix ans.

Ainsi va la vie. Les amitiés s'érodent avec le temps et les événements. Les anciens amis sont remplacés par les nouveaux... Comme l'observait Héraclite, « seul le changement est permanent ».

Tirez les leçons de l'existence !

ÉVITEZ LA NÉVROSE DE RÉPÉTITION...

Ne vous mariez pas après un divorce ! Ne refaites pas du ski après trois héliportages en urgence ! Ne revotez pas pour le candidat qui vous a ruiné !

IL FAUT QUAND MÊME COMPRENDRE CE QUI VOUS ARRIVE !

• Vous venez de divorcer, et voilà que vous replongez dans la même mésaventure : mariage, belle-mère, engagement *ad aeternam*, et tout ce qui va avec.

• Le pied dans le plâtre après une (mauvaise) chute de ski, vous prévoyez sans attendre un nouveau séjour alpin des plus risqués.

• Vous allez encore revoter pour le même homme alors que vous avez pesté contre lui lorsque vos impôts ont doublé et que votre pouvoir d'achat, lui, s'est considérablement réduit...

• On dirait que vous cherchez les ennuis et que

vous répétez une conduite d'échec. Un peu de célibat vous fera du bien, la plage, ce n'est pas si mal... Et si, désormais, vous mettiez en relation votre bulletin de vote avec vos intérêts ?

PARMI CES 10 SITUATIONS D'ÉCHEC : COCHEZ CELLES QUE VOUS RÉPÉTEZ...

☐ 1. Je tombe toujours amoureux(se) de la personne qui ne manquera pas un jour de me quitter...

☐ 2. Les blonds (ou les blondes), ce n'est pas trop mon type de beauté et voilà que je me retrouve

ET QU'EN PENSENT LES PSYS ?

La névrose de répétition serait un processus d'origine inconsciente qui conduit une personne, quoi qu'il lui en coûte, à se remettre dans des situations identiques à des expériences anciennes et douloureuses. La répétition permet de comprendre des conduites d'échec auxquelles les individus sont confrontés et qui leur donnent le sentiment d'être le jouet d'une destinée perverse, l'échec étant lié à une culpabilité sous-jacente.

systématiquement accompagné par eux (ou elles).

☐ 3. Je déteste me mettre en colère, surtout avec les enfants, et voici que celle-ci éclate à chaque fois que je leur explique une règle d'orthographe ou la résolution d'un problème mathématique.

☐ 4. Je me dis que je ne dépenserais pas plus de 50 euros au casino, et à chaque fois, non seulement je les perds, mais j'en perds au moins 50 de plus...

☐ 5. Je voudrais être froid, en recul, face au conflit, et voilà que j'y entre de plain-pied avec une vraie difficulté pour en sortir.

☐ 6. Je déteste la rive droite. J'y habite depuis vingt ans.

☐ 7. J'ai horreur du management et je suis chef de rayon chez Auchan.

☐ 8. Je n'aime pas marchander et je me retrouve tout le temps dans des situations d'intenses négociations.

☐ 9. Je rêve de sérénité, j'ai cinq enfants, je suis cadre supérieur et président de trois associations. Je vais en fonder une quatrième.

☐ 10. Je ne peux pas m'empêcher de dire ce que je pense et j'ai de moins en moins d'amis...

Au-delà de cinq situations cochées, **notre conseil : il faut consulter...**

Relisez tous les moralistes français !

C'EST UN BOL D'AIR…
ET D'INTELLIGENCE !

Notre sélection : s'il n'y en n'avait que trois…

Michel de Montaigne (1533-1592) célèbre pour ses *Essais*. « Je n'ai d'autre objet que de me peindre moi-même » écrit-il. Mais en se peignant lui-même, il dépeint la condition humaine dans laquelle chacun peut se retrouver.

Sur le voyage : « Faire des voyages me semble un exercice profitable. L'esprit y a une activité continuelle pour remarquer les choses inconnues et nouvelles, et je ne connais pas de meilleure école pour former la vie que de mettre sans cesse devant nos yeux la diversité de tant d'autres vies, opinions et usages ». À lire et relire.

Jean de La Bruyère (1645-1696) célèbre pour son

unique ouvrage : *les Caractères*. Les maximes comme les portraits donnent à penser sur la société du XVIIᵉ siècle, mais au-delà sur l'humanité universelle.

Chaque portrait est un chef-d'œuvre de concision et de vérité. On peut s'y retrouver. On peut y voir son voisin de palier. De lui, cette phrase : « Le plaisir le plus délicat est celui de faire celui d'autrui ».

François de La Rochefoucault (1613-1680) célèbre pour ses maximes. **Ses aphorismes philosophiques sont toujours d'actualité et nous interpellent.**

Ainsi : « Il ne faut pas s'offenser que les autres nous cachent la vérité, puisque nous nous la cachons si souvent à nous-mêmes. »

Sébastien-Roch Nicolas de Chamfort (1740-1794) auteur de *Maximes et pensées, caractères et anecdotes*. Sur l'amour, il a dit cette phrase célèbre qui a fait le tour de la planète (amoureuse) : « L'amour, tel qu'il existe dans la société, n'est que l'échange de deux fantaisies et le contact de deux épidermes ».

Promenez-vous dans les cimetières !

MÉDITEZ SUR LES DESTINS *ANTE MORTEM* DES GRANDS HOMMES…

Humez l'air de la Mort. Rien ne vaut une bonne balade au Père-Lachaise… Il faut oser se promener dans les cimetières. Il y règne un calme formidable, et pour cause, puisque les morts y reposent.

C'est l'endroit idéal pour méditer sur notre passage sur terre, sur la relativité des choses, sur l'éloquence du silence, et sur les destins des grands hommes.

S'arrêter sur la tombe d'Eugène Delacroix, d'Alphonse Daudet, de Georges Méliès ou de Simone Signoret et s'interroger sur ces grands destins si différents, voilà qui peut nous conduire à placer le nôtre en perspective. Et puis, au printemps, le Père-Lachaise a quelque chose d'étonnamment vivant !

Un conseil : les cimetières sont à visiter notamment en période de crise (personnelle).

Voyagez, voyagez, toujours loin...

MÊME AU BOUT DE LA RUE !

Il y a des voyages qui ne coûtent pas cher ! « Coller » au quotidien sans recul donne une vision du monde un peu restreinte. Le voyage élargit le champ de vision.

Voyager loin... en Asie, en Afrique, en Europe, aux Amériques...Prendre l'avion, le bateau, le train, la voiture... Organiser son voyage, le préparer à l'avance, comme un grand projet de bonheur et d'aventure... On y rencontre des langues, des cultures, des êtres, des paysages qui infléchissent parfois et enrichissent toujours notre façon de penser... **En sortant de chez soi, on se quitte un peu. On perd ses repères habituels pour mieux en réinventer de nouveaux.**

Et parfois pour autant il n'est pas nécessaire d'aller si loin. Juste au bout de la rue, il y a ce quartier, ce bistrot, et ces êtres, avec qui l'on a parlé, et qui nous ont fait voyager sans bouger dans une autre partie du monde...

Achetez les 50 règles d'or de la négociation

WIN-WIN, WIN-LOSE, LOSE-WIN, LOSE-LOSE… (*FICHE D'AUTO-PUB !*)

C'est un très bon livre qui peut servir en toute circonstance ! Simple, concis, concret ! Et, il va sans dire, écrit par un très bon auteur (vraiment un très bon auteur, si, si !).

Et en outre, ce très bon petit livre (dans la même collection que celui que vous avez dans les mains, très bon aussi) peut être utile **car dans la vie on négocie tout le temps :** avec son banquier, son époux(se), ses enfants, le fisc, l'URSSAF et avec l'agent immobilier du coin.

ALORS PRÉCIPITEZ-VOUS POUR L'ACHETER

Ce mini Larousse vous fera faire des économies – vous apprendrez à lâcher un peu pour obtenir beaucoup, puisqu'il y est question – entre autres aspects – de l'application de la célèbre philosophie de la « négo » nommée « win-win » (« Gagnant-gagnant » en français)...

ALLEZ, UN PETIT TEST

Entourez les numéros qui correspondent à votre profil de négociateur :

1. Dans une négo, ce qui compte c'est l'objectif !
2. Je suis prêt à tout pour gagner la partie !
3. La menace est LE moyen d'arriver à ses fins.
4. Il faut à tout prix déstabiliser l'adversaire...
5. En résolvant le problème de l'autre, je suis en train de résoudre le mien.
6. Avoir raison prime sur mon intérêt.
7. L'empathie est le comportement adapté à la négociation...
8. Je lâche trop vite !
9. Toute concession induit des contreparties...
10. Je distingue compromis et compromission...

Questions 1, 5, 7, 9 et 10 : Je suis un négociateur « win-win ».

Questions 2, 3, 4, 6 et 8 : Je suis un négociateur win-lose ou lose-win (et *in fine* peut-être lose-lose).

Allez modérément chez le médecin !

MÉFIEZ-VOUS DES DIAFOIRUS MODERNES...

...Et encore plus modérément chez les marchands de bonheur à trois sous et à parfois 500 euros ! La société moderne – mais déjà au temps de Molière (auteur du célébrissime *Malade imaginaire*) c'était déjà le cas – invite à la prévention maniaque (ou paranoïaque) des risques de santé et à la médication intensive pour soigner les maladies, celles-ci alourdissant par ailleurs considérablement le trou de la Sécu, mais ce n'est pas ici le sujet.

LA SOCIÉTÉ MODERNE POUSSE AINSI À L'HYPOCONDRIE...

On va voir le médecin dans un rituel un peu morbide, histoire de vérifier si l'on va survivre au petit bobo qui nous y a conduit. On va le voir pour se rassurer, s'imaginant au bord du trépas, et celui-ci nous « rassure » en nous informant que le mal ou la maladie pour lesquels on est venu n'est pas tout à fait celui ou celle que l'on croyait.

Pour le meilleur ou pour le pire. Bonnes et moins bonnes nouvelles. Bref, on a bien fait de venir. Mais au fait... entre nous, si on ne s'y était pas rendu, qu'est-ce que cela aurait changé vraiment ? **Entre celui qui court les cabinets médicaux, et celui qui s'en dispense, au fond quel est le plus sage des deux ?**

Ne parlons pas des psys. On va les voir pour vérifier notre état de « normalité » – on rêve tous d'être normal ! (entre nous, quelle folie que de vouloir être normal !) – et aucun ne nous n'est rassuré sur ce point. On n'a jamais d'ailleurs vu un psy – ça se saurait – refuser un patient pour cause de conforme normalité !

MON CONSEIL

Évitons de fréquenter les toubibs ou apparentés plus que nécessaire, même si, on le sait, leur place est (ne crachons pas dans la soupe) souvent utile, parfois même vitale, et toujours chère – au sens de la tendresse bien sûr – à nos cœurs !

Cultivez votre jardin !

OFFREZ-VOUS DES NOMS DE FLEURS !

Pas besoin d'aller chez le fleuriste ! **Achetez-vous des plantes verbales !**

Ancolie
Bleuet
Camélia
Coquelicot
Dahlia
Églantine
Gentiane
Géranium
Hortensia
Marguerite
Œillet
Pensée
Rose
Tulipe

EXPLICATION

Mon éditrice me demande à quoi correspond cette drôle de liste de fleurs (pour voir la vie du bon côté). Je lui réponds que ce sont juste des noms de fleurs que je lui offre ainsi qu'à toutes les lectrices (et même aux lecteurs). Et je lui dis, cette liste est un anti-stress, une pause-bonheur, un arrêt-poésie.

Un bouquet de mots. Mais il faut savoir bien l'utiliser.
• **Prononcez juste ces noms de fleurs...**
• **Prononcez-les à haute voix...** lentement...
• **Plusieurs fois chacun,** si cela vous chante.

• Dites la liste comme un poème... Même à plusieurs... En chœur ou en cœur comme vous voulez... Imaginez les fleurs... chacune d'entre elles. Et puis rêvez éveillé... Vous êtes dans un jardin et vous les observez... C'est le printemps... Il fait beau... Et on dirait qu'elles vous regardent...

Visitez Rome, Jérusalem, Kyoto et New York !

QUATRE VILLES MAGNIFIQUES

...Dont on ne sort pas indemne parce qu'on y a beaucoup marché ! Marcher dans la ville remet les idées en place tout en ouvrant des perspectives inédites...

Marchez, déambulez, errez dans ces quatre villes exceptionnelles pour (au moins) quatre raisons. Et la raison des raisons, c'est qu'elles vous aident à voir la vie du bon côté !

ROME : POUR LE CHARME UNIQUE ET ROMANTIQUE...

• 1. **Tous les chemins y mènent.** C'est l'Italie de toujours. Et c'est aussi la Rome antique et les églises baroques.

• 2. **On peut y entrevoir les fantômes**

de Jules César et de Frederico Fellini, on peut goûter au Colisée et aux fastes du Vatican.
• 3. On peut imaginer, après un bon verre de vin de Latium, **Anita Ekberg** prenant son bain en robe du soir dans la fontaine de Trevi (in *la Dolce Vita*, 1962, de Fellini) **ou bien encore Marcello Mastroianni fumant sa cigarette Via Veneto.**
• 4 . Et puis il y a les trattorias pour les dîners aux chandelles avec pizzas et pastas à toutes les sauces…
• 5. Et c'est l'endroit où l'amour tend à s'exprimer le mieux…

Conseil : partir en week-end amoureux avec son ou sa fiancé(e) pour le conquérir ou le reconquérir.

JÉRUSALEM : POUR LES ORIGINES DU MONDE…

• 1. La ville contient les lieux sacrés des trois grandes religions : l'islam, le judaïsme, le christianisme. On retient donc son souffle lorsqu'on s'y promène : du mur des Lamentations à la Via dolorosa, du Saint-Sépulcre à la mosquée al-Aqsa.
• 2. On peut refaire le chemin de croix et se mettre un tant soit peu à Sa place sous le soleil intense.

RÈGLE 44

• 3. Même **ceux qui n'y croient pas ressentent une émotion singulière** lorsqu'ils hument l'esprit de la ville. Tout est Histoire, tout est sacré !
• 4. **Le brassage des communautés nous ouvre aux cultures les plus variées** et aux spiritualités multiples...

Conseil : partir une semaine seule ou en (agréable) compagnie. Prendre des bonnes chaussures de marche. Garder pour le fun de fin de séjour et l'atterrissage terrestre une journée ou deux à Tel-Aviv, la ville qui ne dort jamais.

KYOTO : POUR LES TEMPLES ZEN...

• 1. **Il faut** avant d'y aller **se précipiter sur l'ouvrage de Eugen Herrigel intitulé :** le Zen dans l'art chevaleresque du tir à l'arc, puis une fois arrivé, se rendre au temple Ryôan-Ji pour contempler le jardin nu et... zen.
• 2. **C'est la ville de la méditation avec ses 2000 temples** et l'on peut emprunter le chemin de la philosophie (initié par Kitar Nishida) juste pour réfléchir sur soi.
• 3. On peut aussi y croiser **des (vraies) geishas**

• 4. On peut assister à une **représentation du superbe et très lent théâtre Nô.**
Conseil : On peut y aller seul (idéal pour faire un point après une crise) et on peut même dormir dans un temple.

NEW YORK : POUR L'ÉLECTRICITÉ DE LA VILLE…
• 1. Manhattan, Brooklyn, Bronx, Queens, Staten Island : **tout est à voir** et il faut se laisser aller à déambuler au fil de l'inspiration et de la curiosité. On y croise des… rues, des quartiers (chinois, italien, juif), des taxis jaunes, des magasins, des buildings et surtout… des gens… des gens de tout horizon !
• 2. On peut pique-niquer à Central Park après s'être rendu dans l'Apple Store de la 5e Avenue.
• 3. C'est la ville où l'on ne s'ennuie jamais et où l'on veut se perdre (parce qu'on retrouve toujours le chemin, les avenues et les rues étant numérotées).
• 4. On peut aller voir un soir Woody Allen jouer de la clarinette dans un bar de Manhattan.

Conseil : partir une semaine seul ou à deux avec des bonnes chaussures de marche, et bien sûr… les maximes complètes du même Woody Allen !

Écrivez chaque jour sur un petit carnet

TOUT CE QUI VOUS PASSE PAR LA TÊTE !

À côté des « to do lists »… des « to be lists »…Il existe déjà la méthode des *to do lists* : les tâches à faire… que l'on inscrit méticuleusement chaque jour sur son carnet pour ne pas les oublier !

Créez donc les *to be lists*, les listes d'existence, où vous noterez librement toutes vos pensées, vos sentiments, vos idées créatives, vos citations du jour… Bref, vos raisons d'être du jour !

Ainsi, quotidiennement vous aurez un mot à dire sur vous-même, une réflexion, en relation avec les événements ou votre humeur du jour. Ainsi la pensée s'élabore, s'exprime, s'esthétise, et aide à vivre.

En écrivant ces petites notes journalières – on peut, bien sûr, aussi écrire son journal intime – on prend de la distance avec soi, on relativise le destin avec sa lumière et ses orages, on met aussi ses maux en mots.

【 74 】

Allez donc au cinéma !

IL RACONTE VOTRE VIE !

Rien ne vaut un bon film pour se distraire... Un bon film et vous voilà soudain requinqué ! Un bon film comique ou d'aventure, et voilà que vous placez vos soucis à distance et que vous voyagez à bon compte à deux minutes de chez vous.

Mais ce qui est aussi formidable dans le cinéma, c'est le miroir qu'il vous renvoie. La vie qui est racontée sur l'écran, c'est la vôtre, parfois en mieux, parfois en pire, mais il y est toujours question de vous. Alors, vous ressortez de la salle en ayant mieux saisi ce qui vous arrive dans la vraie vie.

Le poète Antonin Artaud disait à propos du cinéma : « la peau humaine des choses, le derme de la réalité, voilà avec quoi le cinéma joue d'abord. »

Acceptez votre destin

« DEVIENS CE QUE TU ES »

Acceptez votre destin et même allez jusqu'à l'aimer, même dans les pires tours qu'il vous joue !

• **Vous vouliez être chanteur** dans un groupe de hard rock, et vous voilà comptable au Crédit foncier (ce qui est loin d'être un déshonneur).

• **Vous vouliez être un grand médecin de ville**, et vous voilà généraliste dans une zone désertifiée en pleine campagne.

• **Vous vouliez avoir juste une fille** et vous voilà parent de quatre garçons.

• **Vous avez demandé une augmentation de salaire**, eu égard à ce que vous estimez être (à juste titre) votre talent, que l'on vous refuse en vous annonçant que vous avez échappé de justesse à un plan social.

LE DESTIN EST FACÉTIEUX

Il vous conduit sur des chemins imprévisibles. Vous rencontrez des obstacles, vous passez par des détours, des chemins de traverse, et il est bien rare que la route soit droite, telle que vous l'aviez imaginée, et qu'elle vous conduise directement au but visé.

Que faut-il faire alors ? Se révolter ? Mais contre qui ? Contre quoi ? Et pourquoi ? C'est votre destin...

Le philosophe Nietzsche préconisait *l'amor fati* (l'amour du destin) et « l'éternel retour ». Il voulait dire, par là, qu'il fallait aimer son destin dans tous ses aspects, les pires et les meilleurs, des séquences importantes jusqu'aux détails les plus insignifiants, les réussites et les échecs. Qu'il fallait aimer son destin jusqu'à imaginer qu'on puisse le revivre à l'infini sans jamais regretter quoi que ce fût.

Alors, vivez donc comme si vous alliez recommencer cette vie des milliers de fois, acceptez en les joies et les malheurs, bref, acceptez et aimez tant votre destin que vous pourriez le répéter *ad aeternam*.

Acceptez la solitude comme un fondement

ET AUTRUI COMME UNE BONNE SURPRISE !

« La solitude, ça n'existe pas ! » assène la chanson... Et bien si ! On naît seul et on meurt seul. Le reste n'est que péripéties, anecdotes, Club Med et communication !
Face à la décision, on est toujours seul. Face à la souffrance, même si quelqu'un vous tient la main, on reste seul. Face à la Mort ou à la chance, on est irrémédiablement seul. Face au sentiment esthétique, à l'émotion, on est encore seul.

ALORS, POURQUOI NE PAS ACCEPTER CETTE CONDITION ?

Pourquoi la combattre, cette solitude, puisqu'elle est une condition, une essence, une donnée existentielle. Pourquoi la contourner par des artifices ? Pourquoi passer des heures (de solitude volontaire) sur le Net pour tenter à entrer à tout prix en relation avec autrui, déclencher des inscriptions hâtives dans des clubs sociaux ou de vacances pour les mêmes raisons, surcharger son agenda pour éviter les temps libres ?

Être seul, en revanche, ne signifie pas être coupé du monde, et solitude ne veut pas dire isolement. On a besoin des autres pour communiquer, aimer, travailler. Autrui nous empêche de nous enfermer sur nous-même. La solitude n'est pas un cloître.

Et puis, le meilleur moyen pour que l'on recherche votre compagnie, c'est que l'autre ne vous identifie pas comme quelqu'un qui veut rompre à tout prix sa solitude mais qui l'accepte.

On ne va pas vers quelqu'un parce qu'il est seul et en manque d'autrui mais on va vers lui parce qu'il est disponible ou disposé à la rencontre. Au fond, on ne se trouve bien qu'avec des gens clairement seuls et... heureux de l'être !

Apprenez à vous ennuyer

SANS AVOIR DE REMORDS !

Apprenez à ne rien faire avec délectation ! Trouvez du sens dans le rien ! Assumez votre part d'ennui…

On a toujours quelque chose à faire… certes, et on remplit ses journées par le travail, les activités sociales ou familiales. Les agendas sont pleins.

Le temps, qui est la vie-même, passe ainsi comme un TGV. Temps plein, voire temps à ras bord… temps aussi à « ras-le-bol » ! La vie qui court et qu'on ne rattrape pas…

ET SI L'ON FAISAIT UNE PAUSE ?

Et si l'on arrêtait le TGV existentiel ? Non pas pour entamer une nouvelle activité, mais pour ne rien faire. Oui juste ne rien faire. **Sensualité de la paresse. Grâce d'un après-midi qui n'en finit plus…** Éloge de la sieste et de l'après sieste et d'une conversation lente et profonde avec des amis autour du feu de cheminée qui introduit la soirée...

Et voilà que ce temps que l'on ne remplit pas s'étend, s'étire, prend ses aises, se love dans la vie, sans chrono, sans minutage, sans pression. Être sans agir, sans travailler, sans décider, sans communiquer même.

Juste : ne rien faire. Avoir un temps vide pour soi... Nouvelle belle notion : le temps vide ! « Que faites-vous de votre temps vide ? », pourrait-on presque demander...

QUOI ? VOUS VOUS SENTEZ COUPABLE ?

Mais de quoi ? De ne pas faire, de ne pas travailler, de ne pas agir, de ne pas communiquer ! Vous osez l'inutilité, vous osez l'ennui volontaire, la conversation sans objet...

Une voix intérieure vous l'interdit, elle vous condamne à faire ! Et bien, bravez-la ! Autorisez-vous la pause ! Le vide n'est pas insensé ! Le temps vide... et libre !

Avez-vous bien appris

À PRENDRE LA VIE DU BON CÔTÉ… ?

Avez-vous vraiment bien compris ces 50 règles d'or. Prenez-vous davantage la vie du bon côté ? **Vérifions avec ce test.**

OUI :

Vous avez compris que vivre, c'est apprendre à mourir ; vous acceptez désormais votre destin jusqu'à l'aimer ; votre vie a pris du sens ; vous avez trouvé vos priorités existentielles ; vous réalisez vos rêves ; vous vous sentez moins coupable ; vous avez trouvé de l'amusement dans votre travail ; vous avez perdu du poids superflu ; vous êtes optimiste dans l'action ; vous faites tout sérieusement en ne vous prenant pas au sérieux ; vous considérez toute crise comme une opportunité de rebond ; stoïque, vous bravez les obstacles ; vous savez que ce qui ne vous tue pas vous rend plus fort ; vous aimez, oui, vous aimez ; vous écrivez un haïku par jour ; cela ne vous empêche pas de préparer votre retraite et de changer de matelas ; vous vous acceptez comme vous êtes ; vous tirez des leçons de vos échecs ; vous intéressez désormais à l'inutile et au Beau ; vous faites l'amour souvent ; vous faites du sport souvent ; vous lisez Montaigne, La Rochefoucauld et Chamfort ; vous vous promenez dans les cimetières ; vous cultivez votre jardin verbal ; vous irez visiter au moins quatre villes du monde ; vous allez au cinéma ; vous écrivez chaque jour sur un petit carnet tout ce qui vous passe par la tête ; vous acceptez la solitude comme une donnée de l'existence et autrui comme une bonne surprise ; vous apprenez à faire des pauses et vous relisez régulièrement ces 50 règles.

NON :

Rien de tout cela ! Ou… en partie. Alors, il vous faut sans doute trouver vos propres règles ! Puissent ces 50 règles énoncées ici vous aident à les inventer !

Glossaire

amor fati (amour du destin)

Cette notion inspirée par le philosophe Nietzsche préconise l'amour que l'on peut porter à son propre destin. Aimer son destin, c'est en assumer tous les aspects, des moins glorieux aux plus honorables, sans honte ni orgueil, bref, c'est assumer sa vie, jusqu'à rêver même de la recommencer, telle quelle, à l'infini.

argent

S'il est utile, on sait qu'il ne fait pas le bonheur... Mais, dit-on, il y contribue ! « Il vaut mieux être riche et bien portant que pauvre et malade », ajoute-on encore, sarcastique. Cela dit après un séjour à Kyoto (voir règle d'or n° 44) – je sais, je sais, le tarif de l'avion n'est pas donné ! – et une petite semaine dans un temple zen, l'argent et ses avatars bling-bling vous paraîtront bien... futiles !

aventure

On peut avoir un safari dans la tête sans pour autant aller au Kenya. Et on peut croiser des lions dans sa tête. L'imagination permet tous les déplacements (mentaux). L'aventure est aussi au coin de la rue, tout près de chez vous. Il suffit de se laisser aller...

bonheur

Chacun définit le sien. C'est plutôt le chemin qui y conduit qui est intéressant... Le bonheur, à l'instar du travail, est toujours *in progress*... C'est une fois qu'il est passé qu'on sait qu'on a été heureux.

On connaît la comptine :
« Le bonheur est dans le pré
Cours-y vite, il va filer ! »
Ne tardez donc pas à le saisir !

conflit

On y va ou on le contourne : la première posture a le mérite de le traiter et donc d'en sortir, tandis que la deuxième permet d'éviter la castagne permanente, notamment lorsque les enjeux sont de peu d'importance.
Il faut donc dans la vie (du bon côté) être à la fois guerrier (parfois) et diplomate (souvent).

humour

L'humour n'est pas seulement « la politesse du désespoir », il est aussi l'instinct de (sur)vie. Soudain alors que le drame point, voici une porte (hilarante) de sortie... Il vaut d'ailleurs toujours mieux en rire qu'en pleurer. Le rire est un médicament : à absorber trois fois par jour.

joie

Moins ambitieuse que le bonheur, la joie en est la manifestation pragmatique du moment. Un rien peut rendre joyeux (alors que le tout prétend rendre heureux): le sourire d'une passante, un rayon de soleil, une fenêtre qui s'ouvre, une courte promenade, une rencontre agréable, un alexandrin, une entrecôte, un verre de vin…

poésie

Lire les poètes comme on prend un bol d'air. À la différence du roman ou de l'essai, la poésie se lit vite (mais peut se relire) puisqu'un poème est un tout qui n'appelle pas de suite.

Essayez Apollinaire pour sa modernité, Verlaine pour la musique de ses vers, Rimbaud ou Baudelaire pour leur vision (ou voyance), Eluard si vous êtes amoureux.

Lire un poème par jour en cinq stations de métro.

rose

C'est la couleur de la vie du bon côté et c'est la fleur qu'on offre à ceux qu'on aime.

valise

Il faut qu'elle soit toujours à proximité. Elle va nous accompagner dans nos aventures, dans nos voyages. Et puis elle signale, selon la formule d'Héraclite, que « seul le changement est permanent ».

vérité

Chacun détient la sienne et certains sont prêts à mourir pour la défendre. Attention cependant. Et songez donc à l'anagramme de la « vérité » ? RELATIVE ! Tout est dit !

vivant

C'est somme toute ce qui compte ! Réveillez-vous le matin et pincez-vous ! Oui, vous êtes vivant... et c'est sans doute la première des valeurs et le plus grand des réconforts.

C'est une joie. C'est aussi une devise... une philosophie... « Être vivant » : c'est votre programme ! Et quel programme !